ALLOCUTION

PRONONCÉE AU MARIAGE

DE M. ÉLIE CAVAILHÉ

CAPITAINE AU 50ᵉ RÉGIMENT D'INFANTERIE

AVEC

Mˡˡᵉ JEANNE MEYER

Le 5 avril 1883

Ta la Chapelle de la Miséricorde de Périgueux

Par M. L'ABBÉ GOUZOT

CHANOINE ARCHIPRÊTRE DE LA CATHÉDRALE.

PÉRIGUEUX

CASSARD FRÈRES, IMPRIMEURS-LIBRAIRES

RUE SAINT-MARTIN, 13 ET 15.

1883

ALLOCUTION

PRONONCÉE AU MARIAGE

DE M. ÉLIE CAVAILHÉ

CAPITAINE AU 50ᵉ RÉGIMENT D'INFANTERIE

AVEC

Mᴸᴸᴱ JEANNE MEYER

Le 5 avril 1883

En la Chapelle de la Miséricorde de Périgueux

PAR M. L'ABBÉ GOUZOT

CHANOINE ARCHIPRÊTRE DE LA CATHÉDRALE,

PÉRIGUEUX

CASSARD FRÈRES, IMPRIMEURS-LIBRAIRES

RUE SAINT-MARTIN, 13 ET 15.

1883

ALLOCUTION

PRONONCÉE AU MARIAGE

DE M. ÉLIE CAVAILHÉ

CAPITAINE AU 50ᵉ RÉGIMENT D'INFANTERIE

AVEC

Mᴸᴸᴱ JEANNE MEYER

Le 5 avril 1883

En la Chapelle de la Miséricorde de Périgueux

PAR M. L'ABBÉ GOUZOT

CHANOINE ARCHIPRÊTRE DE LA CATHÉDRALE.

> *Benedictio illius quasi fluvius inundavit.*
> Vous êtes comme inondés d'un fleuve de bénédictions.
> (Ecclésiastique, XXXIX, 27.)

MON CHER FRÈRE,
MA CHÈRE SŒUR,

Bénir au nom de l'Église, quelle grande œuvre, puisque c'est appliquer les mérites de notre Sauveur !

Une des bénédictions les plus mémorables est celle que vous venez de recevoir. Il m'a été bien doux de vous la donner, en des circonstances qui justifient si bien le texte : « *Benedictio illius quasi fluvius inundavit*. Vous êtes comme inondés d'un fleuve de bénédictions ».

I

Vos familles sont anciennes, religieuses, dès-lors honorables et bienfaisantes.

Au-dessus d'elles rayonne une physionomie lumineuse (1).

Au milieu de ces souvenirs, j'éprouve l'émotion de Gabelus, au mariage de Tobie et de Sara ; le vieillard, versant sur les jeunes époux ses larmes et ses bénédictions, s'écriait : « Que le Dieu d'Israël vous bénisse, parce que vous êtes d'une excellente race (2) ! »

Le Saint-Père, dans un bref du 2 novembre 1882, touché de ce passé, vous a accordé et à tous les vôtres, jusqu'au troisième degré, les plus précieuses indulgences.

Vous avez été, mon cher frère et ma chère sœur, l'un sur les champs de bataille, l'autre dans

(1) Le père Lacordaire, parent de la famille Meyer.
(2) Tobie, ix, 7.

nos pieuses associations, dignes de vos ancêtres ; et je salue tout un avenir de beaux jours dans ce mot de l'Esprit Saint et de l'histoire : « *Adolescens juxta viam suam, etiam cùm senuerit, non recedet ab eâ.* Le vieillard gardera la voie suivie en sa jeunesse (1) ».

II

Que d'espérances et d'enseignements dans les nobles passions de votre vie, les armes et la musique ! Vous représentez les contrastes les plus complets de ce monde ! La musique, c'est l'idéal de l'harmonie, ou la paix ; les armes, c'est l'idéal de la division ou la guerre. La musique, c'est l'idéal du sentiment et sa langue la plus parfaite ; les armes, c'est l'idéal de la force et son symbole le plus terrible.

Or, malgré ces contrastes, ou peut-être à cause d'eux, la musique et les armes n'ont cessé de s'attirer, de s'aider, de s'inspirer ; et l'histoire de leur influence réciproque chez les Juifs, les Grecs et les Barbares, en un mot chez les anciens et les modernes, nous offrirait des pages qui ne seraient

(1) Proverbes, xxii, 6.

ni les moins intéressantes ni les moins glorieuses de l'humanité.

Un de nos écrivains les plus chers et les plus illustres nous a dit merveilleusement comment la musique s'est unie aux armes pour repousser de notre berceau national une des plus formidables invasions qui aient désolé la terre (1).

Vous devez être, ma chère enfant, dans la famille, ce que la musique est dans l'armée.

La musique ne rend pas seulement les pensées et les sentiments, elle les transforme ! ce sont comme des pensées et des sentiments nouveaux, dans une langue nouvelle.

Les plus belles paroles, en nous échappant au milieu d'accords encore plus beaux, nous laissent sans regret : « elles sont le revêtement souple et transparent de l'idée (2) » ; mais « limitées elles-mêmes, elles la limitent (3) ».

La musique donne à l'idée comme un épanouissement infini, en répondant à nos plus sublimes aspirations ; et notre âme, transportée par des flots d'harmonie comme dans un monde nouveau, y

(1) M. de Chateaubriand.

(2) *Sententias mollis et pellucens vestiebat oratio.* Cicéron, Brutus, ch. LXXXIX.

(3) Mgr Landriot, *Le Christ et la tradition,* tome 1, page 553.

savoure le Vrai, le Beau et le Bien dans leur idéal, sous la forme humaine la plus immatérielle (1).

Quand ces mélodies expirent, nous en recueillons le souvenir ; dans les heures de défaillance, il nous relève, et nous répondons à l'appel de Dieu et de la patrie.

Dès-lors, qui pourrait dire l'action de la musique au milieu des armées ! Elle inspire la victoire, y conduit, et console dans la défaite ; dans l'une et dans l'autre, elle adoucit les ingratitudes, elle charme tous les sacrifices (2).

N'est-ce pas là votre mission dans la famille, ma

(1) Nous prévenons une objection, en appliquant à la musique ce que nous avons dit de la voix, dans la *Chartreuse de Vauclaire :*

« La voix, alors même qu'elle est consacrée à la gloire et au plaisir, à toutes les passions humaines, ne peut s'empêcher d'exprimer une tendance, une aspiration incessante vers l'infini. Il y a quelque chose de vague qui nous détache de la terre et nous dit, pour peu que nous écoutions intimement : « Je ne suis pas la » véritable musique, je ne suis pas l'harmonie complète, j'en donne » une idée : voilà ma mission... »

» La voix que l'on profane est comme un ange déchu, qui conserve dans sa décadence des traces magnifiques de son antique grandeur. »

(2) « Les chants coulent dans mon oreille, et la vérité, liqueur divine, s'épanche avec eux dans mon cœur. *Voces illæ influebant in auribus meis, et eliquabatur veritas in cor meum.* » (Saint Augustin, *Confessions,* IX, 6.) « Les chants purifient l'âme et l'Esprit Saint se précipite sur les ailes de l'harmonie pour entrer dans le cœur. *Verba animam expiant et Sanctus Spiritus in canentis animam celeriter advolat.* » (Saint Jean Chrysostôme, *In psalmis.*) « Il y a dans le chant sacré une vertu de sanctification qui tient à son élément surnaturel. » (*Cassiod. Variar.,* II, 40).

chère enfant ? Nos livres saints vous comparent à la lumière : « *Sicut sol oriens mundo..., sic mulieris bonæ species in ornamentum domûs ejus. Lucerna splendens super candelabrum sanctum* (1) ». Or, la lumière non-seulement éclaire, réjouit et féconde, mais elle transfigure : c'est comme un rayon du ciel enchantant les choses humaines !

Telle est l'épouse chrétienne. Nos livres saints l'appellent le premier des biens, parce qu'il est la poésie de tous les autres. « *Gratia super gratiam, mulier sancta* (2) ».

C'est là votre image, mon enfant ; vous couronnerez votre mari de gloire et de félicité en ce monde et en l'autre. « *Mulier diligens corona est viro suo* (3). »

III

Enfin, ce lieu et ce jour sont eux-mêmes comme une bénédiction.

Nos temples sont le trône de la divinité : Que de sainteté !

Une chapelle de communauté, où les anges de la

(1) Ecclésiastique, xxvi, 21, 22.
(2) Ecclésiastique, xxvi, 19.
(3) Proverbes, xii, 4.

terre prient et adorent, a un caractère encore plus mystérieux.

C'est la première et probablement la dernière fois que je bénis en ce sanctuaire, témoin de tant d'amour et de supplications !

Cette exception est un hommage à une famille d'artistes : comprenant que la musique est surtout grande et utile, quand elle est religieuse, Mlles Meyer (1) nous ont offert un exemple d'autant plus précieux qu'il est plus rare, même dans les milieux où nous devrions le rencontrer toujours.

De cette chapelle s'élèvent vers le Ciel des voix consacrées à le louer ; dans l'atmosphère qu'elles ont sanctifiée, nous couronnons le talent qui s'y est uni, en se dévouant à la musique religieuse.

L'Église tout entière semble s'associer à nos félicitations : aujourd'hui même, dans tout l'univers, elle fête saint Vincent Ferrier, qui avait pour la liturgie un tel attrait que tous les jours il chantait la messe : « *Quotidiè missam summo mane cum cantu celebravit* (2) », dit le bréviaire romain. Il unissait les mélodies sacrées aux

---

(1) Ces chères paroissiennes, dont la science est aussi remarquable que la voix, sont, depuis leur enfance, l'âme de nos chœurs de chanteuses et l'édification de nos cérémonies.

(2) Offic. de saint Vincent Ferrier, *pars verna.*

premiers rayons du soleil pour saluer le divin soleil de nos âmes ; il se préparait à son apostolat de réconciliation au milieu des harmonies de la nature et de la grâce.

IV

Je viens, mon cher frère et ma chère sœur, de célébrer, dans les traditions de vos familles, de votre jeunesse, de votre profession, de ce lieu et de ce jour, les garanties de votre fidélité à la grâce, dès-lors de votre bonheur.

Or, toutes ces espérances sont sanctionnées par la première des autorités. Vous n'oublierez jamais le télégramme qu'aujourd'hui même vous avez reçu de la Ville-Eternelle ! La bénédiction spéciale du successeur de saint Pierre, en unissant pour vous les vœux de l'ancienne et de la nouvelle Alliance, met le sceau le plus auguste à cette solennité de bénédictions. « *Benedictio illius quasi fluvius inundavit.* Vous êtes comme inondés d'un fleuve de bénédictions ! »

Et ces bénédictions sont chantées par des artistes éminents (1), dans une langue que les théologiens

(1) MM. Paschali et Ecorce.

appellent céleste (1), parce qu'ils en contemplent l'image dans les colloques ineffables des trois personnes divines (2), dans le concert des mondes et des siècles se déroulant devant Dieu (3).

Enfin, ces espérances, ces bénédictions et ces harmonies resteront symbolisées pour vous dans une lumière mystérieuse.

En récompense de l'église que vos ancêtres ont donnée à leur paroisse, la lampe du Saint-Sacrement, nuit et jour, de cette chapelle, éclaire votre maison, resplendit dans vos appartements pour illuminer votre vie tout entière (4).

Soyez dociles à ce symbole providentiel : comme l'étoile des mages, il vous conduira à Jésus, le véritable amour, l'inspiration, le modèle, le gardien de tous les nobles sentiments.

(1) Mgr Landriot, *De la Musique religieuse.*

(2) Ib.

(3) S. Augustin, Episto. 166, 11, 13.

(4) M. et Mme Cavailhé voient de leur maison la lampe de la chapelle de la *Miséricorde.*

Cette faveur n'est-elle pas une attention surnaturelle ?

La Providence, voilée le plus souvent sous l'*incognito* du hazard, veille sur les moindres détails de notre vie avec une sollicitude infinie.

Les philosophes de l'antiquité avaient entrevu ces idées consolantes, ses poètes les avaient chantées ; notre religion seule les a précisées et la Bible les a rendues avec une simplicité et une hardiesse incomparables. « *Capilli capitis omnes numerati sunt.* » (S. Matthieu, x, 30).

A cette école divine, vous continuerez, ma chère sœur, d'être l'édification des *Enfants de Marie,* vous serez un de leurs plus chers souvenirs.

Vous, mon cher frère, fidèle à votre passé, vous honorerez vos vaillants compagnons d'armes du 50ᵉ ; et l'un et l'autre, vous réaliserez les vœux de vos familles et de cet auditoire d'élite qui vous entourent de tant de prières et de sympathies.

PÉRIGUEUX. — CASSARD FRÈRES, IMPRIMEURS-LIBRAIRES.